AF509880

CONSTITUTIONS

DE

L'ANCIENNE

ET

HONORABLE FRATERNITÉ

DES MAÇONS

LIBRES ET ACCEPTÉS

DE

L'ETAT DE LA LOUISIANE.

RÉDIGÉES ET PUBLIÉES PAR ORDRE

DE

LA GRANDE LOGE DE CET ETAT.

A LA NOUVELLE-ORLÉANS.

DE L'IMPRIMERIE DE ROCHE FRERES,

ANNO LUCIS 5819.

R. F.
IMPRIMÉS

CONSTITUTIONS

ET

REGLEMENS

DE

LA GRANDE LOGE

DE

LA LOUISIANE.

CHAPITRE 1er.

*Règlemens Généraux pour le Gouvernement de la
Grande Loge de la Louisiane.*

SECTION 1ère.

DE LA GRANDE LOGE EN GENERAL.

1. La Grande Loge est composée des vénérables
et surveillans en exercice des loges de la juridiction
ou des députés desdites loges, présidés par le Très
Respectable Grand Maître assisté de ses grands officiers.

2. Tout ex-grand officier de la Grande Loge (à l'exception des ex-grands couvreurs en dehors) tout membre actuel qui a contribué à la formation de la Grande Loge, tout ex-vénérable d'une loge régulière, à le droit d'être membre de la Grande Loge, *pourvu* qu'il fasse déclaration de son intention de l'être au grand secrétaire qui devra en faire mention sur ses régistres ; mais nul ne pourra être membre de la Grande Loge s'il n'est en même tems, membre actif de l'une des loges de la juridiction.

3. Le nombre des grands officiers de la Grande Loge est fixé, quant à présent, à quinze, sauf à la Grande Loge à en établir de tems à autre, d'autres ou de nouveaux, suivant qu'elle le jugera convenable ou nécessaire, savoir : un Grand Maître, un Député Grand Maître, deux Grands Surveillans, un Grand Secrétaire, un Grand Trésorier, un Grand Chapelain ou Orateur, deux Grands Diacres, deux Grands Intendans ou Economes, un Grand Porte Epée ou Maître des Cérémonies, un Grand Maréchal, un Grand Couvreur en dedans et un Grand Couvreur en dehors.

4. Les loges de la juridiction qui sont établies à la Nouvelle-Orléans, ou à moins de trois milles de distance de cette ville, seront représentées en Grande Loge par leurs vénérables et leurs surveillans ou par l'un d'eux ; mais toutes les loges de la juridiction qui sont à une plus grande distance, *devront* se faire représenter par un député. Et nul frère ne sera admis comme député d'une loge, à moins qu'il ne soit passé maître par dispense ou autrement et membre d'une des loges de la juridiction et sa commission devra être délivrée sous le sceau de la loge qui l'a nommé, être signée par le vénérable de ladite loge et contresignée par son secrétaire et nul frère ne pourra être nommé pour représenter plus de trois loges à la fois et ne jouira comme député, de plus d'une voix dans les délibérations de la Grande Loge.

5. Les vénérables, surveillans et députés des loges de la juridiction et tous les membres de la Grande Loge (excepté les grands officiers) ne pourront assister à ses assemblées, sans être revêtus des cordons et bijoux qu'ils portent dans les loges particulières auxqu'elles ils appartiennent respectivement, à moins

qu'ils n'en soyent dispensés par la Grande Loge sur quelque excuse bonne et suffisante.

6. Lorsque quelque officier ou représentant d'une loge de la juridiction ne pourra pas assister en personne à une assemblée de la Grande Loge, soit parce-qu'il lui serait survenu quelque affaire urgente, soit par quelqu'autre empêchement qui puisse l'excuser, il pourra se faire remplacer et représenter par quelque frère de sa loge, en lui remettant le bijou de sa dignité dans ladite loge, *pourvu* que le frère qui le remplacera, ait occupé dans quelque loge régulière, une dignité égale ou supérieure à la sienne.

7. Les grands officiers de la Grande Loge peuvent être nommés officiers des loges particulières et cela ne les prive d'aucunes des prérogatives dont ils doivent jouir dans la Grande Loge, comme grands officiers, seulement lorsqu'un grand officier se trouvera en même tems officier d'une loge particulière, il devra députer quelque frère de sa loge, comme il est dit ci-dessus, pour agir pour lui dans la Grande Loge, lorsqu'il y est appellé à remplir ses fonctions de grand officier.

8. Le lieu des séances de la Grande Loge est et demeure fixé dans la ville de la Nouvelle-Orléans, ou dans ses fauxbourgs. La Grande Loge tiendra quatre assemblées régulières ou communications de trimestre, les derniers Samedis des mois de Mars, Juin, Septembre et Décembre, et elle tiendra en outre une grande communication ou convention de toutes les loges sous sa juridiction, le second Dimanche de Janvier de chaque année. La Grande Loge pourra d'ailleurs s'assembler extraordinairement sur les ordres du Grand Maitre ou sur ses ajournemens particuliers, toutes les fois que les affaires pourront l'exiger. Les communications de trimestre seront tenues à sept heures du soir depuis le 25 de Mars jusqu'au 25 de Septembre et à six heures du soir du 25 Septembre jusqu'au 25 Mars.

9. Les diverses loges de la juridiction devront assister par leurs officiers ou leurs députés, à toutes les assemblées fixes ou ordinaires de la Grande Loge, soit que lesdits officiers ayent reçu avis ou non de s'y trouver ; néanmoins le grand secrétaire devra donner avis public desdites assemblées dans au moins

deux des gazettes qui s'impriment à la Nouvelle-Orléans, et par trois fois en Anglais et en Français, dans la semaine qui précède immédiatement le jour de ladite assemblée. Et à l'égard des assemblées extraordinaires, le grand secrétaire devra en donner avis aux membres de la Grande Loge qui se trouvent à la Nouvelle-Orléans ou à moins de trois milles de distance, par des sommations ou par une lettre circulaire qu'il leur adressera à cet effet.

10. La principalle occupation de la Grande Loge, soit dans ses communications de trimestre, soit dans ses autres assemblées (hors celles des grandes communications annuelles et des fêtes de St. Jean) doit être d'examiner avec soin, de discuter avec calme et de régler définitivement toutes les affaires qui peuvent intéresser la prospérité générale de l'institution, ou celles des loges sous sa juridiction, ou des frères qui en sont membres.

11. La Grande Loge ne prendra connaissance d'aucune pétition ou appel et ne s'occupera d'aucune affaire contentieuse, le jour de la grande communication annuelle, ni les jonrs de St. Jean, afin de ne point troubler l'harmonie qui doit règner dans ces solemnités et la discussion de ces matières sera renvoyée à la Grande Loge suivante; et en général toutes les fois qu'une affaire ne pourra être discutée ou terminée dans une assemblée de la Grande Loge, elle sera renvoyée à la première assemblée suivante, ou elle sera referée dans l'intervalle à quelque comité spécial pour en faire son rapport à ladite assemblée.

12. Par les anciens règlemens, c'était une des prérogatives de la Grande Loge et le Grand Maître avait plein pouvoir et autorité, (lorsque la Grande Loge était dûment assemblée) de faire et recevoir des maçons à première vue, et cette réception était bonne, mais la Grande Loge de la Louisiane à cru devoir renoncer à cette prérogative en faveur des loges de la juridiction.

13. Aucun frère quelque soit son rang, ne peut être admis régulièrement dans les assemblées de trimestre ou extraordinaires de la Grande Loge, à moins qu'il n'en soit membre ; néanmoins un frère du grade de maître dont la présence peut être nécessaire comme témoin, ou pour donner des informations ou

parcequ'il serait chargé de solliciter quelque faveur de la Grande Loge, comme aussi tout maçon d'un grade éminent, pourra être admis dans la Grande Loge après que permission aura été demandée à cet effet, sur motion et aura été obtenue de la Grande Loge ; mais les frères ainsi introduits n'auront pas droit de voter ni même de parler sur aucun sujet en discussion, sans que permission ne leur en soit accordée, ou que leur opinion ne leur soit demandée, dans lequel cas ils devront se borner à donner leur avis sur les objets relatifs à la maçonnerie seulement.

14. Tous les frères du grade de maître ou au-dessus seront admis comme visiteurs en Grande Loge, le jour de la grande communication annuelle, soit qu'ils soyent membres d'une des loges de la juridiction ou des maçons étrangers dûment reconnus.

15. Les loges établies à la Nouvelle-Orléans ou à moins de trois milles de distance, devront adresser à la Grande Loge le jour de la grande communication annuelle ou auparavant, un tableau exact de tous les officiers qui ont été élus pour la présider pendant l'année suivante, ainsi que des membres qui la composent, avec la date du jour, du mois et de l'année où lesdits membres auront été initiés ou affiliés dans ladite loge. Ce tableau fera mention des noms, prenons, professions et lieux de résidence des frères qui auront été expulsés de la loge et sera accompagné d'une copie des amendements ou additions que ladite loge aura cru devoir faire à ses règlemens, pendant le cours de l'année précédente.

16. La Grande Loge a un pouvoir inherent et le droit de faire toutes espèces d'ordonances locales et de nouveaux règlemens, comme aussi d'abroger, d'amender et d'expliquer les anciens, tant pour son avantage particulier que pour le bien de la maçonnerie en général, mais il est bien entendu qu'elle doit exercer ce pouvoir sans porter aucune atteinte aux anciens statuts et constitutions de l'ordre, parceque toute innovation à cet égard serait absolument nulle et de nul effet.

17. Les représentans des loges particulières prendront séance en Grande Loge suivant l'ordre d'ancienneté de leurs constitutions, et si leurs constitutions sont du même jour, alors ce sera suivant l'ordre du *numéro* qui s'y trouve porté.

SECTION II.

De l'élection des Officiers de la Grande Loge et de leur installation et des comités de la Grande Loge.

18. Le Grand Maître et les autres grands officiers de la Grande Loge seront élus une fois par an, à la communication de trimestre du mois de Décembre, afin que tout soit préparé pour la célébration de la grande communication annuelle, et nul ne peut être élu, s'il n'est pas alors membre de la Grande Loge et du grade de passe maître par dispense ou autrement.

19. L'élection de tous les grands officiers (à l'exception des grands diacres et du grand couvreur en dehors) se fera par les membres de la Grande Loge, au scrutin et à la majorité des voix et nul ne pourra être présent à l'élection que ceux qui ont le droit d'y voter.

20. Le jour fixé pour l'élection, le Grand Maître ou l'officier qui présidera, ouvrira la Grande Loge avec les formalités accoutumées et invitera les membres à procéder à l'élection du Grand Maître et des grands officiers pour l'année suivante. Le scrutin sera recueilli par l'un des grands diacres dans une boîte préparée à cet effet. Le Grand Maître ou l'officier qui préside n'aura qu'une voix dans ladite élection, comme chacun des membres de la Grande Loge. Le scrutin étant passé sur les colonnes, le Grand Maître nommera deux membres de la Grande Loge pour en faire le dépouillement et sur l'appel qu'ils en feront, le grand secrétaire tiendra note par écrit du nombre de voix qui aura été obtenu par chaque candidat et en fera son rapport au Grand Maître.

21. Aussitôt qu'un frère aura été reconnu réunir la majorité des voix, pour une dignité quelconque, le Grand Maître le déclarera immédiatement dûment élu à ladite place.

22. Si lors du dépouillement du scrutin, deux ou plusieurs frères réunissent un nombre égal de voix, pour la même dignité, on passera à un nouveau scrutin ou l'on ne pourra voter qu'entre ceux qui ont obtenu un nombre égal de voix ; et si deux ou plusieurs frères réunissent encore le même nombre de voix, l'élection sera déterminée, en faisant tirer au sort, ceux qui ont obtenu un nombre égal de voix.

23. Le Grand Maître et les grands officiers qui auront été élus, ainsi qu'il est dit plus haut, seront installés dans leurs dignités respectives, le jour de la grande communication annuelle qui suivra ladite élection. La cérémonie de l'installation du Grand Maître élu, sera dirigée par le dernier Grand Maître en exercice, qui pourra nommer quelque frère expérimenté pour agir comme son adjoint dans cette occasion.

24. Lorsqu'il s'agira de procéder à l'installation du Grand Maître nouvellement élu, le dernier Grand Maître en exercice, ordonnera de le conduire au fauteuil et après l'avoir présenté à la Grande Loge comme un maçon expert dans l'art royal et pénétré d'amour pour l'institution, il lui fera prêter serment de s'acquitter bien et fidèlement de ses fonctions comme Grand Maître et le revétira ensuite des marques de sa dignité et l'installera en due forme. (a) Lorsque le Grand Maître nouvellement élu aura été ainsi installé dans ses fonctions, l'ancien Grand Maître le fera proclamer par trois fois et à haute voix par le Grand Maréchal *"Grand Maître des Maçons;"* après quoi tous les membres de la Grande Loge se réuniront pour saluer et féliciter le nouveau Grand Maître, suivant les louables usages de la maçonnerie.

25. Le nouveau Grand Maître procédera alors à la nomination des deux grands diacres et installera tous les officiers de la Grande Loge pour l'année courante, suivant l'ordre de leurs dignités respectives et les fera proclamer de la même manière qu'il l'a été lui-même.

26. Le nouveau Grand Maître devra, le jour même de la grande communication annuelle, procéder à la nomination des membres qui devront composer les comités de correspondance, de comptabilité, d'information et d'économie.

27. Chacun de ces comités sera composé de trois membres. Le comité de correspondance s'occupera de la rédaction de toutes les parties de la correspondance qui paraîtront à la Grande Loge, devoir exiger un travail particulier et qui lui seront à cet effet renvoyées.

(a) On doit suivre au reste les mêmes formalités qui sont prescrites pour l'installation des Vénérables des Loges régulières.

Le comité de comptabilité sera chargé de vérifier les comptes du grand Trésorier et d'en faire son rapport à la Grande Loge.

Le comité d'information est chargé d'entendre les réclamations et les plaintes tant générales que particulières qui pourront être présentées à la Grande Loge, de prendre les informations nécessaires à leur décision et d'en faire son rapport à la Grande Loge.

Le comité d'économie est chargé de tout ce qui peut regarder l'intérieur ou l'extérieur du temple, et de régler tout ce qui peut concerner la décoration de la Grande Loge, l'ordre des cérémonies et généralement tout ce qui est relatif aux dépenses que les travaux de la Gde. Loge peuvent exiger. Les deux grands intendans ou économes sont de droit membres de ce comité, en outre des trois frères qui doivent être nommés par le Grand Maître pour le composer.

28. En outre de ces quatre comités, il y aura un comité de Charité ou de Bienfaisance attaché à la Grande Loge. Ce comité sera composé du Grand Maître, du député Grand Maître, des deux grands Surveillans, du grand Secrétaire, du grand Trésorier et des Vénérables des Loges de la juridiction ou des députés desdites Loges. Cinq membres dudit comité forment un nombre compétent pour agir.

Il est du devoir de ce comité de s'assembler tous les trois mois ou plus souvent, s'il est nécessaire, pour prendre connaissance de toutes les demandes en secours, qui pourraient lui être renvoyées par la Grande Loge ou qui lui seraient adressées par des frères nécessiteux ou par leurs veuves ou orphelins et pour leur accorder tels secours que leurs besoins peuvent soliciter et que la situation de la caisse peut permettre. Cependant ledit comité ne pourra accorder plus de dix piastres sur aucune demande qui ne lui aura pas été expressément renvoyée par la Grande Loge.

Le grand Trésorier acquittera tous les mandats qui seront tirés sur lui par ledit comité, lorsqu'ils seront signés par l'officier qui aura présidé la séance ou le secours aura été accordé et contre-signés par le grand Secrétaire et il en portera le montant en bonne dépense dans son compte. Le comité de Charité tiendra régistre de ses délibérations qui seront lues en Grande Loge, à chaque communication.

SECTION III.

Du pouvoir de constituer des Loges.

29. Il est interdit à tout nombre de Maçons quelconque de travailler ensemble ou de former une Loge, sans avoir obtenu une charte constitutionelle à cet effet, et quiconque sera convaincu d'une pareille contravention, sera expulsé de toutes les loges et à jamais privé des privilèges de la maçonnerie.

30. Aucune charte ne sera accordée à une nouvelle loge que sur la pétition d'aumoins cinq maîtres Maçons réguliers, appuyée de la recommandation d'une des Loges de la juridiction ou de celle d'aumoins trois autres Maîtres Maçons connus et acceptés.

31. Aucune charte ne sera accordée à une nouvelle Loge (excepté dans les villes et autres lieux semblables) pour s'établir à une distance moindre de six milles du lieu des séances d'une des Loges subordonnées, à moins que la Loge en demande n'ait obtenu à cet effet, le consentement exprès et par écrit de la Loge dans le voisinage de laquelle elle veut s'établir.

32. Lorsque les membres d'une Loge deviennent trop nombreux pour pouvoir travailler ensemble (*a*) et que demande sera faite par quelques uns d'entr'eux, pour obtenir la permission de se séparer et de former une nouvelle Loge, la Loge à laquelle ils appartiennent devra leur délivrer un certificat constatant le motif qui donne lieu à leur séparation, en recommandant en même tems, ceux d'entre les frères qui se séparent qui sont les plus propres à être nommés officiers de cette nouvelle Loge, et ce n'est qu'après que toutes ces formalités auront été remplies que la Grande Loge pourra accorder une charte à la Nouvelle Loge.

33. Toute charte accordée par la Grande Loge devra être, autant que possible, imprimée sur parchemin, en Anglais et en Français et être délivrée sous le sceau de la Grande Loge et sous les signatures du Grand Maître, du député Grand Maître, des grands Surveillans, du grand Trésorier, et le contre-seing du grand Secrétaire. Et chacune de ces chartes sera nu-

---

(*a*) Plus de 50 membres actifs sont considérés en général comme un nombre embarrassant pour travailler convenablement.

mérotée suivant l'ordre de la date où elle aura été délivrée.

34. Chaque nouvelle charte sera accompagnée d'une copie ou d'un exemplaire des constitutions et règlemens généraux de la Grande Loge ainsi que de la liste des loges sous la juridiction, avec mention des lieux et jours de leurs séances.

35. Toute loge nouvelle qui sera établie dans la ville de la Nlle.-Orléans et ses faubourgs, ou a moins de trois milles de distance, sera constituée par le Grand Maître accompagné par le dépu'é Grand Maître et par les grands Surveillans et le grand Secrétaire ; si le Grand Maître est absent, le député Grand Maître le remplacera et le premier grand Surveillant agira comme député Grand Maître, le second grand Surveillant comme premier grand Surveillant et le Vénérable actuel de la nouvelle loge commme second grand Surveillant ; et si le député Grand Maître est absent, le Grand Maître peut députer l'un des grands Surveillants, qui nommera d'autres officiers de la Grande Loge pour agir comme grands surveillants *pro-tempore.*

36. Lorsqu'une loge nouvelle sera établie hors de la ville et des faubourgs de la Nouvelle-Orléans et à plus de trois milles de distance et qu'aucun des grands officiers de la Grande Loge, ne pourra commodément s'y transporter, le grand Maître ou son député adressera à quelque digne frère du grade de passe Maître, une dispense ou pouvoir par écrit sous sa signature et le sceau de la Grande Loge et le contre-seing du grand Secrétaire, par lequel il l'autorisera à assembler, installer et constituer la nouvelle loge.

Et si le Grand Maître et son député sont absents ou incapables d'agir (par maladie ou autrement,) les grands surveillanst conjointement avec le grand Secrétaire, pourront délivrer une semblable dispense sous leurs signatures et le sceau de la Grande Loge, mais il faudra pour cela que le Grand Maître ait déjà signé la charte qui autorise l'établissement de la nouvelle loge.

37. Aucune charte pour tenir une loge, ne sera accordée à des maçons qui résident hors de cet état, dans un lieu soumis à la juridiction de quelqu'autre Grande Loge.

SECTION IV.

Des grandes Visites et des Appels à la Grande Loge.

38. Le Grand Maître ou son député accompagné des grands Surveillants et du grand Secrétaire, visitera au moins une fois l'an, les loges subordonnées qui tiennent leurs séances dans la ville de la Nouvelle-Orléans ou dans ses faubourgs ; et à l'égard des loges situées hors de la ville de la Nouvelle-Orléans et de ses faubourgs, le Grand Maître nommera, toutes les fois qu'il le croira convenable, quelqu'un des membres de la Grande Loge ou tout autre maçon ayant le grade de passe Maître, par une dispense par lui signée sous le sceau de la Grande Loge et contre-signé par le grand Secrétaire à l'effet de visiter et inspecter les loges du dehors qui seront désignées dans ces dispenses ; et les frères inspecteurs ainsi nommés devront se faire représenter les régistres des loges qu'ils visiteront pour s'assurer qu'ils sont tenus régulièrement et inspecter tous les autres travaux de ladite loge et ils feront du tout, leur rapport à la Grande Loge suivant les instructions qu'ils en auront reçues.

39. Tout membre d'une loge subordonnée qui se croira lézé par une décision qu'elle aura rendue à son égard, pour prononcer son expulsion ou pour tout autre objet, pourra en appeler à la Grande Loge dans les trois mois de la connaissance qui lui aura été donnée de cette décision.

40. Le maçon qui veut appeller d'une décision rendue contre lui, ainsi qu'il est dit en l'article précédent, devra remettre son appel par écrit entre les mains du grand Secrétaire qui devra le présenter à la Grande Loge à la première assemblée et donner avis dudit appel à la loge qui a rendu la décision. La Grande Loge devra prononcer aussi promptement que possible sur cet appel, mais de manière à donner à la loge qui a rendu la décision, le tems nécessaire pour lui envoyer ses observations. Ce tems sera d'un mois depuis l'avis envoyé par le grand Secrétaire pour les loges établies à la Nouvelle-Orléans et à moins de trois milles de distance et de trois mois pour les loges plus éloignées, qui sont établies dans cet état. Mais à l'égard des loges qui sont hors de l'état, la Grande Loge fixera un tems suffisant pour

qu'elles puissent envoyer leurs observations, suivant la distance des lieux et le plus ou moins de difficulté des communications,

41. La Grande Loge peut prononcer sur tous les différends qui lui sont directement soumis, lorsqu'ils n'ont pu être terminés à l'amiable par les loges particulières ou entre les parties elles mêmes. Mais si un frère se croit lézé par cette décision, il peut, en remettant son appel par écrit entre les mains du grand Secrétaire, obtenir que cette décision soit révisée et l'affaire finalement déterminée à la communication de trimestre qui suit.

SECTION V.

Manière de conduire les travaux de la Grande Loge dans le cas d'absence des Grands Officiers.

42. Si le député Grand Maître est absent à aucune assemblée ordinaire ou extraordinaire de la Grande Loge, le député Grand Maître remplira sa place.

43. Si le Grand Maître est également absent, le premier grand Surveillant présidera la Grande Loge et en l'absence du premier grand Surveillant, ce sera le second grand Surveillant qui occupera le fauteuil. Et quoique par les anciens règlements, tout vénérable ou ex-vénérable d'une loge, qui était un ancien maçon, fut préféré pour présider la Grande Loge, dans l'absence du Grand Maître et de son député, cependant la règle est actuellement que tous les grands officiers et ex-grands officiers prennent la présidence de la Grande Loge, à l'exclusion de tout autre membre, à moins qu'ils ne trouvent convenable de renoncer à leur privilège, pour faire honneur à quelque maçon éminent ou à quelque vénérable ou ex-vénérable que la Grande Loge peut desirer de placer dans le fauteuil dans quelque occasion particulière.

44. Si aucuns des grands officiers ou ex-grands officiers ne se trouvent présents à une Grande Loge qui a été dûment convoquée, le vénérable de la plus ancienne loge, qui se trouve présent, doit prendre la présidence, quoiqu'il puisse y avoir parmi les vénérables des autres loges également présents, des maçons qui sont plus anciens que lui.

45. Pour prévenir les contestations qui peuvent s'élever sur la présidence, le Grand Maître qui se trouve obligé de s'absenter de quelque Grande Loge, pourra donner une commission sous sa signature et son sceau privé, au premier grand Surveillant ou en son absence au second grand Surveillant, ou en l'absence des deux, à quelqu'autre grand officier ou à quelque vénérable on ex-vénérable d'une des loges particulières pour occuper sa place, dans le cas ou le député Grand Maître ne se rendrait pas à la séance ou serait absent.

46. Mais s'il n'a été donné aucune commission spéciale pour fixer les choses d'une autre manière, la règle généralle est que le second grand Surveillant remplace le premier grand Surveillant en son absence et que s'ils sont tous deux absents, alors les plus anciens des ex-grands Surveillants prennent immédiatement leur place et agissent commé grands Surveillants *pro-tempore*, à moins que comme il est dit plus haut, ils ne renoncent à leur privilège en faveur de quelqu'autre membre.

47. Quand ni les grands Surveillants ni les ex-grands Surveillants des années précédentes, ne se trouvent dans l'assemblée, le Grand Maître ou celui qui est appellé régulièrement à la présidence en sa place, peut choisir qui bon lui semble pour agir comme député Grand Maître ou comme grand Surveillant *pro-tempore* quoiqne la préférence soit généralement donnée au vénérable ou ex-vénérable de la plus ancienne loge, qui se trouve présent. L'officier qui préside a en outre le droit de nommer un secrétaire ou tout autre grand officier *pro-tempore*, si aucuns desdits grands officiers ou leurs adjoints (pour ceux qui peuvent en nommer) ne sont présents, car les travaux de la Grande Loge, ne doivent point être arrêtés par le manque d'officiers.

48. En cas de mort du Grand Maître, le même ordre de succession et de preseance a lieu, ainsi qu'il est dit plus haut, jusqu'à ce qu'un nouveau Grand Maître soit dûment élu et installé dans ses fonctions.

SECTION VI.

*Règles pour la conduite des travaux dans l'intérieur
de la Grande Loge.*

49. Les travaux de la Grande Loge seront ouverts
et fermés suivant les usages et coutumes de l'ancienne maçonnerie d'York.

50. Quand trois loges ou plus se trouveront représentées en Grande Loge, le Grand Maître ou tout
autre officier appellé à présider, prendra le fauteuil
et engagera tous les membres de la Grande Loge à se
mettre à leurs places respectives et en conséquence
les grands Surveillants et autres grands officiers prendront chacun là place qui leur est destinée respectivement ; les vénérables ou députés et les passe
Maîtres de chacune des loges de la juridiction se ran-
geront suivant l'ordre de séniorité desdites loges, sur
la colone à gauche du Grand Maître et les Surveillants
desdites loges se placeront dans le même ordre sur
la colonne à droite du grand Maître. Quant aux
visiteurs, s'il y en a, ils s'asseoiront sur une seconde
rangée de sièges à main droite du Grand Maître, à
moins qu'ils ne soyent invités à prendre une autre
place, par le Grand Maître ou par tout autre officier
qui présidera la Grande Loge.

51. Au troisième coup de maillet du Grand Maître
il règnera un silence géneral et quiconque le rompra
sans la permission du président, sera sujet à être re-
primandé publiquement.

52. Chacun gardera sa place et observera le plus
profond silence, toutes les fois que le Grand Maître
trouvera convenable de se lever de son siège et d'appeler à l'ordre, et ce sous les mêmes peines que dessus,
en cas de contravention.

53. Chaque frère prendra place suivant le *numéro*
de sa loge et il n'en sortira pas pour en prendre une
autre pendant le tems de l'assemblée ; mais cette règle
ne s'applique pas aux grands Surveillants ou autre
grands officiers dont les fonctions peuvent requérir
qu'ils sortent de leurs places.

54. Nul frère ne doit parler plus de deux fois sur
la même question, à moins qu'il n'en ait obtenu la permission ou que ce ne soit pour expliquer ce qu'il a dit

et l'officier qui préside déterminera toutes les questions d'ordre.

55. Tout frère qui parlera, devra se tenir debout et s'adresser au Grand Maître d'une manière convenable et personne ne devra se permettre de l'interrompre, sous les mêmes peines que ci-dessus, à moins que le Grand Maître ne trouve qu'il s'éloigne de la question, dans lequel cas il pourra le rappeler à l'ordre et pendant que le Grand Maître lui parlera, il devra s'asseoir; mais après avoir été ainsi rappellé à la question, il pourra reprendre son discours.

56. Toute motion ou proposition qui aura été faite et appuyée, sera mise en délibération par l'officier qui préside et l'on ne s'occupera d'aucune autre affaire jusqu'à ce que celle soumise à la considération de la Grande Loge, ait été d'abord décidée ou renvoyée à un autre jour ou à un comité.

57. Toute question ou proposition sera décidée par la majorité des membres présents, chaque membre de la Grande Loge ayant une voix, mais le Grand Maître ou tout autre officier qui préside aura la voix prépondérante si le nombre des voix se trouve égal, autrement le Grand Maître ou l'officier qui préside n'aura qu'une voix comme les autres membres de la Grande Loge.

58. L'opinion ou les voix des membres seront manifestées en levant la main et les voix seront comptées par les grands Surveillants à moins que leur nombre ne soit si inégal qu'il soit inutile de le faire. Mais si l'un des membres demande que les voix soyent prises au scrutin, elles devront l'être de cette manière.

59. Si un membre est rappellé deux fois à l'ordre dans la même assemblée pour avoir transgressé les règles et qu'il se rende coupable d'une troisième faute de ce genre, le président pourra lui ordonner péremptoirement de sortir de la Loge pour n'y plus rentrer pendant la durée de la séance.

60. Si quelque membre se permet de tourner en ridicule l'un des frères ou ce qu'il dit, il pourra être exclus solemnellement de la communication, et déclaré incapable d'être à jamais membre d'aucune Grande Loge à l'avenir, à moins que dans un autre tems, il ne reconnaisse publiquement sa faute et qu'elle ne lui soit remise.

C

61. Toute proposition tendante à passer un nouveau règlement ou à abroger ou amender les anciens, devra être remise par écrit à l'officier qui préside, après quoi le membre qui veut faire la proposition la fera à haute et intelligible voix ; le grand Secrétaire en donnera ensuite lecture et si la motion est appuyée, l'article ou les articles que l'on propose seront immédiatement transcrits tout au long, dans le procès verbal de la séance du jour et la discussion en sera renvoyée à l'assemblée suivante où la proposition ne pourra être adoptée qu'à la majorité des deux tiers des membres présents à cette assemblée.

SECTION VII.

§ 1.

Du Grand Secrétaire.

62. Le grand Secrétaire aura le soin de toutes les archives de la Grande Loge. Il devra tenir deux régistres sur l'un desquels il transcrira au net, les procès verbaux de toutes les séances de la Grande Loge et il enrégistera sur l'autre toutes les chartes, les dispenses, les certificats ou diplomes accordés par la Grande Loge, comme aussi les noms et prenoms de tous les membres de chacune des loges de la juridiction et les tableaux envoyés par ces mêmes loges.

63. Le grand Secrétaire est chargé en outre, de la correspondance générale et particulière de la Grande Loge avec les diverses loges et avec tous les maçons répandus sur la surface de la terre (excepté dans les cas qui sont particulièrement renvoyés au comité de correspondance) et le grand Secrétaire doit entretenir cette correspondance d'une manière conforme à la volonté de la Grande Loge et aux instructions qui lui sont données par le Grand Maître ou son député. Enfin c'est par les mains du grand Secrétaire que doivent passer toutes les demandes ou pétitions ainsi que les appels qui sont adressés à la Grande Loge.

64. Aucune charte ou dispense, aucun certificat ou diplome, ou autre écrit émané de la Grande Loge, ne peut être considéré comme authentique, à moins que le grand Secrétaire ne l'ait revêtu de sa signature et de son attestation et qu'il n'y ait apposé le sceau de la Grande Loge.

65. Le grand Secrétaire doit toujours être prêt à se rendre avec ses livres aux séances de la Grande Loge soit par lui-même ou par son adjoint, afin de pouvoir prendre note des travaux et donner toutes informations nécessaires sur l'état général des affaires de la loge et sur ce qu'il peut être convenable de faire, suivant l'occasion.

66. Le grand Secrétaire, en vertu de son office, a le droit de se choisir un adjoint parmi les membres de la Grande Loge qui n'excercent aucun office.

§ 2.

Du Grand Trésorier.

67. Tous les fonds qui sont destinés à l'usage de la Grande Loge, ou qui appartiennent à sa caisse de charité, sont remis à la garde du grand Trésorier qui doit les porter en recette, sur un régistre qu'il tiendra à cet effet, avec mention de l'usage qui en a été fait.

68. Le grand Trésorier ne devra faire aucuns payements, dépenses ou autres dispositions des fonds de sa caisse que sur un ordre signé par le Grand Maître ou son député, ou sur une résolution de la Grande Loge certifiée par le grand Secrétaire, ou sur un ordre du comité de Charité et non autrement et il exigera des réçus de ceux à qui il fera ces payements.

69· Le grand Trésorier a le droit de choisir un adjoint parmi les membres de la Grande Loge qui n'exercent aucun office. Il devra rendre un compte général de son administration à la communication de trimestre de Décembre qui termine son exercice, après l'avoir préalablement soumis à l'examen et à l'approbation du comité de comptabilité, qui en fera son rapport à la Grande Loge et le grand Trésorier sera en outre astreint à présenter à la Grande Loge, à chacune des autres communications de trimestre, un apperçu de la situation de sa caisse.

70. Le grand Trésorier ou son adjoint devra assister exactement aux assemblées de la Grande Loge, avec ses livres pour les soumettre à l'inspection du Grand Maître et des autres grands officiers, toutes les fois qu'il en sera requis.

§ 3.

Des Grands Couvreurs.

71. Le devoir du grand Couvreur en dedans (*the Grand Pursuivant*) consiste à se tenir à la porte de la Grande Loge dans l'intérieur du temple et à annoncer les noms et dignités des maçons qui demandent à être admis. Il doit aussi porter des messages et remplir d'autres fonctions qui ne sont connues qu'en loge. Il est *ex-officio* membre de la Grande Loge.

72. Le devoir du graud couvreur en dehors (*the Grand Tyler*) est de garder la porte extérieure de la Grande Loge, pour empêcher qu'il n'y entre personne autre que ses membres, sans la permission de la Grande Loge. Il est en outre chargé de porter les sommations destinées à avertir les membres de se trouver aux assemblées de la Grande Loge, toutes les fois qu'il en sera requis par un ordre du Grand Maître ou de son député à lui notifié, sous le seing du grand Secrétaire ou de son adjoint.

73. Le grand couvreur en dehors est payé par la Grande Loge ; c'est ordinairement quelque maçon ancien et respectable à qui cet emploi peut être utile. Il doit être maître maçon, mais il n'est pas *ex-officio* membre de la Grande Loge, comme les autres grands officiers le sont de droit et il ne lui est pas permis d'y voter et même d'y parler sans permission, à moins qu'il ne soit membre de la Grande Loge, a tout autre titre que celui de son office.

SECTION VIII.

Des Cottisations et autres Droits dus à la Grande Loge et à quelques uns de ses officiers.

74. Chaque Loge sous la juridiction de la Grande Loge sera tenu de lui payer les cottisations suivantes, savoir :

Pour les representants ou députés à la Grande Loge par an, $ 8

Pour chacun des membres portés sur son tableau par an,   1

Les cottisations ci-dessus mentionnées devront être payées par les loges qui en sont redevables, au plus tard dans la communication de trimestre qui suit immédiatement la fête de St. Jean l'évangiliste.

75. Outre les cottisations ci-dessus, la Grande Loge percevra des droits sur les objets suivants :

Par chaque charte ou constitution délivrée à une nouvelle loge, y compris les droits du grand Secrétaire et du grand couvreur en dehors, $ 76

Par chaque certificat ou diplome de maître y compris les droits du Secrétaire, 5

Par chaque dispense de passe-maître y compris les droits du Secrétaire, 6

Pour toute autre dispense y compris les droits du Secrétaire, 6

76. Les droits revenant au grand Secrétaire sont fixés ainsi qu'il suit :

Par chaque charte ou constitution, $ 4
Par chaque certificat ou diplome de maître, 1
Par chaque dispense, 1
Pour l'enrégistrement du nom de chacun des membres des loges subordonnées une fois seulement 25 cents.

NOTA —Chaque loge sera responsable de ce dernier droit envers le grand Secrétaire, pour les frères portés sur son tableau.

77. Le grand couvreur en dehors a le droit de percevoir par chaque charte ou constitution, $ 1
Et par chaque convocation extraordinaire à la demande d'une loge ou d'un frère pour un objet particulier, 3
Indépendament des appointements qui lui seront fixés par la Grande Loge pour ses services.

78. Il sera du devoir du grand Trésorier de faire le rapport à la Grande Loge, à l'assemblée de trimestre de Mars de chaque année, des loges de la juridiction qui sont en retard de payer leurs cottisations.

CHAPITRE II.

Règlements généraux pour le gouvernement des loges particulières sous la juridiction.

———❈———

SECTION 1ère.

Règles générales que doivent observer les loges particulières.

79. Il faut pour être reçu Maçon réunir les qualités suivantes ; être né libre et d'un âge mur (*a*) être de bonnes mœurs, d'une réputation intacte et jouir de la plénitude de ses facultés naturelles et intellectuelles. Celui qui veut être reçu Maçon doit en outre avoir des biens, ou un état, ou profession qui puissent lui assurer une existence honnête et le mettre à même de travailler dans son art comme il convient aux membres de l'ancienne et honorable fraternité, auxquels il ne doit pas suffire de gagner le simple nécessaire, mais qui doivent chercher à se procurer un superflu pour les œuvres de charité et pour soutenir l'éclat et la dignité de l'art Royal.

80. Celui qui voudra se faire recevoir Maçon devra faire présenter sa pétition à cet effet, par l'un des membres de la loge où il veut être admis, qui devra la remettre au sac des propositions. Cette pétition devra contenir les noms, surnoms du candidat avec mention de son âge, de sa profession et du lieu de sa résidence et être conçue dans les termes suivants ou autres équivalents :

"*Aux Vénerable Maître, Officiers et Membres de la Loge No......des Maçons Libres et Acceptés,*

" Messieurs,

" Ayant depuis longtems conçu une opinion favo-
" rable de votre ancienne institution, je desire d'en
" être reçu membre, si vous m'en jugez digne.
" Je suis âgé de......ans, né de parents et de con-
" dition librè, suis......de profession on d'état, je ré-
" side à.......et me soumets avec plaisir à toutes les
" informations que votre société voudra prendre sur
" mes vie et mœurs.   (Signé) A. B.

(*a*) 21 ans au moins, est l'âge qu'on exige dans les Etats-Unis pour être reçu Maçon.

Cette pétition sera placée dans les archives de la loge pour servir de preuve de la demande du candidat, mais lui sera remise, si sa proposition était rejettée et que l'admission lui fut refusée. Cette proposition devra être appuyée au moins par l'un des membres de la loge ; elle devra être faite dans une des séances ordinaires de la loge, au moins un mois avant l'initiation, afin de donner à la loge et aux frères, le tems nécessaire pour s'enquérir des mœurs et de la conduite du candidat et la loge doit à cet effet nommer un comité spécial. Néanmoins, si un candidat connu dans l'Orient et recommandé par au moins deux membres de la loge, qui certifient de sa bonne conduite et de ses mœurs irréprochables, devait partir pour un long voyage, avant l'expiration du délai d'un mois, on pourra abréger pour lui ce délai, avec le consentement de la majorité de la loge, telle qu'elle est déterminée par les règlements.

81. Le candidat doit de son coté, agir avec circonspection et s'enquérir aussi du caractère de la loge où il desire d'être admis. Aussitôt qu'il sera accepté et au moment de sa réception, le candidat aura le droit de demander à voir la charte de la loge, ses règlemens ainsi que le tableau des membres qui la composent et on devra lui en donner communication afin qu'il puisse s'assurer par lui même, s'il lui convient de s'associer avec les membres de la loge et s'il se soumettra volontiers à ses règlements.

82. Jusqu'à ce qu'un candidat pour l'initiation ou l'affiliation, soit accepté, il ne sera fait aucune mention de ses noms et prenoms sur le régistre ni sur l'esquisse, même par lettres initiales, il y sera seulement porté qu'un candidat a été proposé pour l'initiation ou l'affiliation, suivant le cas.

83. Aucune loge ne pourra initier ou affilier plus de trois candidats à la fois, ni conférer plus de deux grades à un frère dans la même séance.

84. Les loges doivent s'assembler au moins une fois par chaque mois de calendrier; elles doivent être présidées par un Vénérable maître, assisté d'un premier et second Surveillant, d'un Secrétaire, d'un Trésorier, d'un premier et second Diacre, de deux Couvreurs et de tels autres officiers que la majorité de la loge jugera convenable d'établir de tems à autre. Le

nombre des membres d'une loge n'est pas limité, mais lorsqu'elle compte plus de cinquante membres et que tous peuvent assister régulièrement à ses travaux ainsi que les règlements de l'ordre l'exigent, il est peu convenable de l'augmenter pour ne point embarrasser les travaux de la loge.

85. Chaque loge tiendra deux régistres sur l'un desquels seront inscrits ses règlements particuliers, le nom de tous ses membres ainsi qu'une liste de toutes les loges sous la juridiction de la Grande Loge, qui sont réunies en communication générale, avec mention du tems et du lieu de leurs assemblées respectives. Et l'autre régistre servira à inscrire les procès verbaux de ses séances.

86. Les loges devant être parfaitement indépendantes les unes des autres, ne doivent pas s'immiscer dans les affaires d'une autre loge, et nulle loge ne doit se permettre de conférer des grades au frère d'une autre loge sans le consentement de celle-ci, car chaque loge est compétente pour juger de ses propres affaires et pour apprécier les qualifications de ses membres.

87. Chaque loge ayant le droit de maintenir son intégrité, aucun de ses membres n'est autorisé à se séparer d'elle, sans avoir préalablement demandé et obtenu sa retraite, et nul nombre de frères ne peuvent demander ensemble à se retirer d'une loge pour en former une nouvelle, à moins que la quantité des membres de la loge ne soit trop considérable et n'embarrasse le travail et même en ce cas, il ne leur sera accordé permission de se séparer qu'autant qu'ils se seront préalablement acquittés de ce qu'ils peuvent devoir à la loge.

88. La majorité de chaque loge particulière a le droit de donner des instructions à ses Vénérable et Surveillants sur la conduite qu'ils doivent tenir dans les communications de trimestre et autres assemblées de la Grande Loge, et toutes les loges particulières observeront autant que possible les mêmes règles et usages et à l'effet de suivre un système uniforme, elles nommeront de tems à autre, des frères pour se visiter entre elles, aussi souvent que cela pourra être convenable.

89. La préséance entre les loges subordonnées sera

règlée par ordre d'ancienneté, d'après la date où leurs chartes leur auront été accordées, et si deux chartes ont été délivrées le même jour, la préséance se règlera d'après l'ordre du numéro qui se trouvera porté sur ladite charte.

90. Les officiers des loges subordonnées seront élus chaque année, dans la séance qui précèdera immédiatement la St. Jean l'évangiliste et seront installés dans leurs fonctions respectives, le jour même de cette fête. Et nul Maçon qui sera élu à une dignité quelconque, ne pourra refuser de l'accepter, à moins qu'il n'ait déjà occupé la même place pendant un an au moins, ou en cas de tout autre empêchement que la loge jugerait suffisant pour l'excuser d'accepter.

91. La manière de procéder aux élections, de voter dans les délibérations et de conduire les travaux dans les loges particulières, sera, autant que possible, la même que celle prescrite pour la Grande Loge.

92. Aucune loge ne pourra, dans une séance extraordinaire, altérer, changer ou détruire ce qui aura été fait ou arrêté dans une assemblée régulière.

93. Chaque loge subordonnée a le droit de faire ses règlements particuliers et de les abroger, changer et amender de la manière et toutes les fois qu'elle le jugera convenable, *pourvu* que ces règlements ou leurs amendements ne contiennent rien de contraire aux statuts généraux de l'ordre ou aux règlements généraux de la Grande Loge ou d'incompatible avec leurs dispositions; et il sera du devoir de chaque loge d'envoyer chaque année à la Grande Loge, copies des règlements particuliers qu'elle a pu faire dans le cours de cette année ou des changements ou additions qu'elle peut avoir faits à ses anciens règlemenst.

94. Aucune loge subordonnée ne pourra admettre comme membre ou comme visiteur, un Maçon qui aurait été expulsé d'une des loges de la juridiction, si la Grande Loge lui a donné avis de cet expulsion, à moins que ce Maçon n'ait été postérieurement à cet avis réhabilité par un jugement de la Grande Loge.

En conséquence il sera du devoir des loges particulières de prescrire à leurs secrétaires de donner avis immédiat à la Grande Loge, de toutes les expulsions qu'elles pourraient prononcer, en désignant la personne ainsi expulsée par ses nom, prenoms et profession et en instruisant la Grande Loge des raisons pour lesquelles cette expulsion a eu lieu.

95. Si le hasard voulait qu'on reçut dans une loge, un homme de mauvaises mœurs ou qui le devint après son admission ou qui aurait commis ou commettrait quelque crime ou quelque action honteuse, la loge à qui il appartiendra, pourra le renvoyer de l'attelier après que son procès lui aura été régulièrement fait, suivant les formes maçoniques déterminées par les règlements particuliers de cette loge, mais ce membre devra être entendu dans sa défense ou être sommé de le faire et il pourra appeler de ce jugement à la Grande Loge.

96. Nul frère ne pourra devenir passe-maître et recevoir le mot de la chaire, sans une dispense du Grand Maître ou de son député en son absence à lui accordée à cet effet, sur la recommandation de la loge dont il est membre.

97. La Grande Loge se reserve le droit d'accorder des diplômes ou certificats de maître, aux frères des loges subordonnées. Mais ces diplômes ne seront accordés aux frères qui les solliciteront qu'autant qu'ils représenteront une recommandation à cet égard, à eux délivrée par la loge à laquelle ils appartiennent respectivement, sous le sceau de ladite loge, la signature du Vénérable et le contre-seing de son Secrétaire. Ces diplômes seront imprimés en Anglais et en Français.

98. Il n'y aura point de processions extérieures, avec les ornements maçoniques, dans la ville de la Nouvelle-Orléans et ses faubourgs, si ce n'est avec une permission expresse accordée à cet effet, par la Grande Loge.

99. Quant aux processions purément funéraires, avec les ornements maçoniques, elles ne pourront avoir lieu dans la ville de la Nouvelle-Orléans et ses faubourgs qu'avec la permission du Grand Maître, ou en son absence, du député Grand Maître, accordée sur la demande du Vénérable ou des surveillants de la loge à laquelle appartenait le frère décédé ou sur celle de cinq frères, si le frere décédé était étranger et n'appartenait à ancune loge.

100. Hors de la ville de la Nouvelle-Orléans et de ses faubourgs, nulle procession extérieure, funéraire

ou autre avec les ornements maçoniques, n'aura lieu sans la permission de la loge la plus voisine.

101. Si quelque loge établie à la Nouvelle-Orléans ou à moins de trois milles de distance, est en arrière avec la Grande Loge, pour ses cottisations, pendant six mois, sa charte sera annullée, à moins qu'elle ne donne de bonnes raisons pour s'excuser à la communication de trimestre qui suivra celle ou sa charte aura été ainsi annullée. Le tems prescrit par cet article, pour le payement des cottisations des loges subordonnées, sera d'un an pour les loges établies à plus de trois milles de cette ville, mais dans cet état et de deux ans, pour les loges établies hors de l'état.

102. Si quelque loge cesse de s'assembler régulièrement pendant douze mois successifs, ou si une nouvelle loge reste six mois après la réception de ses constitutions, sans s'installer, sa charte sera annullée et son nom effacé de dessus les régistres de la Grande Loge.

103. Si quelqu'une d'éloges subordonnées vient à se dissoudre ou si sa charte est annullée par la Grande Loge, il sera du devoir de son dernier secrétaire en exercice, dans les trois mois qui suivront cette dissolution, d'adresser au grand Secrétaire, la charte, les livres, régistres, papiers, joyaux, meubles et fonds de ladite loge et le dernier officier qui aura présidé cette loge, devra adresser au grand Secrétaire l'inventaire qu'il devra faire faire de ces effets et il sera responsable de l'exécution dudit article ; et nul maçon de cette loge ne pourra être affilié dans une autre loge et jouir des privilèges de l'institution, s'il ne justifie préalablement à cette loge, qu'il a payé entre les mains du grand Trésorier, toutes les contributions qu'il devait à sa loge, lors de sa dissolution.

SECTION II.

Des devoirs des principaux Officiers des loges subordonnées.

§ 1.

Du Vénérable.

104. Tout Maçon élevé au sublime grade de maitre est éligible à tous les offices de la loge, mais la Grande Loge, en se conformant aux anciens statuts, invite les loges sous sa juridiction, à élever aux dignités de Vénérable, de premier et second Surveillants, ceux de leurs membres qui ont déjà rempli de semblables fonctions, ou ceux qui sont les mieux instruits dans l'art Royal, les loges devant être bien pénétrées que leur bonne ou mauvaise administration dépend du choix qu'elles font de leurs officiers.

105. Le Vénérable d'une loge ne permettra à aucun membre, de voter dans une élection, à moins qu'il n'ait payé la totalité de ses cottisations ainsi que les amendes auxquelles il aurait pu être condamné, d'après les règlements particuliers de sa loge.

106. Le Vénérable de toute loge régulière doit maintenir la dignité de sa place, veiller scrupuleusement à l'exécution des loix et règlements de la Grande Loge et des règlements particuliers de sa loge : il doit tenir la main à ce que les surveillants remplissent leurs devoirs avec fidélité et donnent l'exemple des bonnes mœurs et de la régularité ; que le Secrétaire tienne un régistre exact des arrêtés et des délibérations de la loge ; que le Trésorier tienne et rende un compte fidèle des recettes et dépenses de sa caisse aux époques fixées par les règlements particuliers et en général que les ameublements, décorations et tout ce qui appartient à la loge soit bien soigné. Il veillera surtout à ce que les sommes consacrées par l'attelier, à des œuvres de charité, soyent fidèlement remises aux personnes auxquelles elles sont destinées.

107. Le Vénérable de toute loge particulière a le droit, de convoquer sa loge, sur la demande de quelqu'un des frères et même à sa volonté, lorsqu'il pensera que cela peut être nécessaire. Il doit toujours

présider les travaux, lorsqu'il est présent sur les lieux. Le vénérable et tout officier qui préside peut faire couvrir l'attelier à tout maçon quel qu'il soit, et même fermer les travaux au milieu d'une délibération, lorsque la prudence ou le tumulte de la discussion pourra l'exiger. Il est du devoir des Vénérables des loges établies à la Nouvelle-Orléans ou à moins de trois milles de distance, d'assister exactement aux assemblées de la Grande Loge et à ceux de ses comités auxquels ils sont appellés, ou de s'y faire remplacer ainsi qu'il est prescrit aux présents règlements. Le Vénérable et les Surveillants de toutes les loges établies à la N.-Orléans et a moins de trois milles de distance et les députés des loges qui sont plus éloignées, ont le droit de représenter leurs loges en Grande Loge et de traiter toutes les affaires qui les concernent et leur concours aux résolutions et règlemens de la Grande Loge, les rendra obligatoires pour leur attelier, de la même manière que si tous les membres de cette loge y eussent été présents.

108. En cas d'absence, d'empêchement ou de décès du Vénérable, il sera remplacé de la même manière qu'il est prescrit de remplacer le Grand Maître en Grande Loge, et il en sera de même quant aux autres officiers.

109. Le lieu d'assemblée ordinaire d'une loge ne peut être changé, sans le consentement de la majorité de ses membres ; la proposition pour le changement doit être faite dans une assemblée ordinaire de la loge et la décision en être renvoyée à la prochaine assemblée ordinaire, après en avoir donné avis dans la planche de convocation qui sera dressée à cet effet ; cependant dans les cas particuliers d'urgence, lorsqu'au jugement du Vénérable ou de l'officier qui présidera en son absence, il y aurait danger dans le délai, il pourra convoquer une loge extraordinaire pour prendre l'objet en considération et le Vénérable ou l'officier qui présidera, se conduira toujours par la décision de la majorité. Et tout déplacement d'une loge devra être notifié au grand Secrétaire par le Secrétaire particulier de cette loge.

110. Une loge ne peut point s'écarter des limites qui lui sont prescrites par sa charte, sans une autorisation expresse de la Grande Loge à elle accordée à cet effet.

111. Le Vénérable doit avoir sous sa garde particulière, la charte de la loge qui doit être placée en évidence sur l'autel et soumise à l'examen de tout maçon qui veut en prendre connaissance, toutes les fois que la loge s'assemble.

112. Lors de l'installation, le Vénérable nouvellement élu, aura le droit de nommer les deux diacres, mais il devra les choisir parmi les maîtres maçons.

113. Il est du devoir du Vénérable (dans le cas où il y aurait un surplus de fonds dans les mains du Trésorier) de rappeller à sa loge, la nécéessité d'employer ce surplus de la manière qui tournera le plus à son avantage ou en œuvres pies.

§ 2.

Des Surveillants des Loges.

114. Les Maîtres Maçons seuls peuvent être nommés Surveillants d'une loge.

115. Les devoirs des Surveillants en loge, sont d'aider le Vénérable dans la conduite des travaux, de maintenir l'attelier dans l'ordre, lorsque le Vénérable est présent, et de remplacer celui-ci dans toutes ses fonctions, lorsqu'il est absent suivant les règles qui ont été prescrites pour la Grande Loge. Il y a des loges qui assignent des devoirs particuliers aux Surveillants : elles en ont le droit, pourvu qu'en cela, il n'y ait rien de contraire aux anciens usages, aux loix et règlemens de la Grande Loge et en contravention à l'esprit, au génie et aux principes de la maçonnerie, mais dans aucuns cas, les premiers Surveillants ne remplaceront les seconds Surveillants.

116. Il est du devoir des Surveillants de toutes les loges établies à la Nouvelle-Orléans et à moins de trois milles de distance, d'assister à toutes les assemblées de la Grande Loge et d'agir de concert avec le Vénérable, pour les intérêts de leur loge, sauf à eux, en cas d'enpêchement, à s'y faire remplacer, suivant qu'il est prescrit dans les réglemens de la Grande Loge.

§ 3.

Du Secrétaire.

117. Le Secrétaire dressera un procès verbal exact de toutes les délibérations et transactions de la loge qu'il est convenable de mettre par écrit et il les transcrira exactement sur ses régistres d'après l'esquisse qu'il en tracera en loge, lequel esquisse sera lu et amendé, s'il est nécessaire et approuvé avant la cloture de chaque assemblée, afin que les délibérations après avoir été portées sur les régistres, puissent être mises sous les yeux de la loge, à l'assemblée suivante et que copies authentiques puissent en être délivrées.

118. Le Secrétaire tiendra une liste exacte de tous les membres de la loge, avec mention de l'époque de l'initiation ou affiliation de tous ceux qui ont été nouvellement reçus et il en adressera une copie tous les ans, le second Dimanche de Janvier, ou auparavant, au grand Secrétaire, avec le tableau des officiers de la loge, nouvellement élus, dûment signé par lesdits officiers, afin que le grand Secrétaire et parconséquent les membres de la Grande Loge, puissent connaître en tout téms, les noms et la quantité de membres qui composent chacune des loges sous la juridiction.

119. Le Secrétaire est chargé en outre, d'envoyer aux membres de la loge, les sommations nécessaires pour les appeler aux assemblées extraordinaires qui seraient convoquées par le Vénérable ou l'officier qui présidera, en son absence et il est également chargé de la correspondance de la loge.

§ 4.

Du Trésorier.

120. Le Trésorier doit recevoir toutes les sommes qui peuvent être imposées ou payées pour l'usage de la loge et des frères qui la composent et acquiter les mandats qui sont tirés sur lui, par ordre de la loge et tenir du tout un compte exact. Le Trésorier tiendra un régistre ou il portera toutes ses recettes et dépenses et devra toujours être prêt à produire ce livre avec les reçus au soutien, pour être examiné et vérifié aux époques fixées par les règlements particuliers ou lorsqu'il en sera spécialement requis par le Véné-

rable et par la loge. Et il ne devra payer aucun mandat, sans exiger un reçu de celui en faveur de qui il a été tiré.

121. Le Trésorier aura également la charge et la garde de la caisse, des bijoux et des décorations de la loge, à moins que le Vénérable et la majorité de la loge ne trouve convenable de nommer quelqu'autre personne pour la garde de ces objets, en tout ou en partie, ou que les officiers de la loge ne prennent immédiatement ce soin sur eux-mêmes.

§ 5.

Du Chapelain ou Orateur.

122. Le Chapelain ou orateur est chargé de faire les prières usitées dans une loge, de désigner les devoirs et obligations de chaque membre en particulier, de prononcer des discours sur les principes et le but de l'institution et des oraisons funèbres à la mémoire des frères décédés, lorsqu'il en est requis. Il est aussi du devoir de l'orateur de donner des instructions aux frères nouvellement initiés, sur les principaux mystères de l'art. L'Orateur doit être choisi parmi les maîtres maçons dont les connaissances maçoniques sont les plus reconnues, afin que cet officier puisse expliquer convenablement les loix, les règlemens, les constitutions et les anciens usages de notre ordre et montrer l'excellence de ses préceptes.

§ 6.

Des Diacres.

123. Les devoirs de ces officiers sont si bien connus en loge, qu'ils n'ont pas besoin d'autre explication si non de dire que les premiers et second Diacres sont principalement préposés pour porter les ordres du Vénérable au premier Surveillant et du premier Surveillant au second.

§ 7.

Des Couvreurs en dedans et en dehors.

124. Les Couvreurs en dedans et en dehors dans les loges particulières sont assujettis aux mêmes devoirs que ceux qui leur sont prescrits en Grande Loge.

SECTION III.

Des Qualités et des Devoirs des Maçons en général.

125. Quiconque veut être reçu Maçon, doit croire à Dieu, suprême architecte et moteur de toutes choses et lui rendre le culte qui lui est dû.

126. Le Maçon doit laisser chacun libre de suivre l'espèce de culte qui lui parait le plus convenable.

127. Un Maçon quelque soit le culte ou la religion qu'il a adopté ou qu'il suit, doit être un homme bon et fidèle, probe et plein d'honneur, et il doit se rappeler sans cesse ce précepte "*Ne faites pas à autrui ce que vous ne voudriez pas qu'on vous fît.*"

128. Un Maçon doit chérir la paix et montrer une soumission entière au gouvernement du pays qu'il habite, il doit éviter de tremper dans aucune conspiration contre l'état, être obéissant aux loix et à l'autorité du magistrat.

129 Un Maçon doit pratiquer toutes les vertus privées, il évitera toute espèce d'intempérance et d'excès qui pourraient l'empêcher de remplir les devoirs de l'institution et le faire tomber dans des fautes dont la honte réjaillirait sur toute la société maçonique. Il doit être industrieux dans l'exercice de sa profession et travailler fidèlement pour ceux qui l'emploient, afin de ne point s'exposer à manger le pain d'autrui, pour rien.

130. Dans les moments de loisir que lui laissent ses occupations, le maçon doit cultiver les arts et les sciences, avec diligence et assiduité, afin de se rendre plus capable de remplir ses devoirs envers son créateur, envers son pays, envers ses semblables et envers lui-même. Enfin les traits qui doivent caractériser un vrai maçon libre et accepté : " consistent à marcher " humblement à la face de Dieu, à faire justice à " chacun et à chérir la miséricorde."

131. Le Maçon doit être toujours disposé à tendre une main secourable à l'infortune, à partager son pain avec le pauvre industrieux et à remettre dans son chemin, le voyageur égaré. Mais quoiqu'un maçon ne doive jamais fermer l'oreille aux plaintes de son semblable qui se trouve dans l'infortune, néanmoins un frère souffrant ou opprimé par le malheur, doit être plus particulièrement l'objet de sa tendre pitié et il

doit s'empresser de lui prodiguer tous les secours que la situation de sa fortune peut lui permettre d'accorder.

132. La calomnie et la médisance ne doivent jamais souiller la bouche d'un maçon. Les propos indécents ou impies, doivent être soigneusement bannis de ses conversations et il doit se garder d'aucunes expressions, satiriques ou piquantes qui pourraient blesser la délicatesse ou la sensibilité de ses frères.

133. Le Maçon doit garder inviolablement les secrets et mystères de l'ordre, ainsi qu'il lui est recommandé de le faire. Les maçons ne croyent pas que celui-là puisse mériter le nom de *sage*, qui est privé d'une force d'esprit suffisante, pour garder les secrets qui lui sont confiés, avec la même fidélité qu'il garde les siens propres ; et l'histoire sacrée ainsi que l'histoire profane se réunissent pour nous apprendre que des entreprises qui n'avaient pour but que le triomphe de la vertu, ont échoué par le défaut de secret.

134. Le Maçon doit se montrer soumis à l'autorité de ceux qui lui sont supérieurs par leurs dignités maçoniques, quand bien même il serait d'un rang plus élevé qu'eux dans le monde profane, car quoique la franche maçonerie ne dépouille personne de ses honneurs ou titres temporels, néanmoins la distinction qui résulte de l'éminence des vertus et des connaissances dans l'art Royal, est la seule qui soit considérée en loge, comme devant être la source de tous les titres et de toutes les dignités qui y sont accordées.

135. Les frères de toutes les loges de la juridiction, devront, s'il se trouvent dans une distance raisonnable, se réunir le jour de la St. Jean, lorsque leur travail sera fini, soit dans leur propre loge ou dans toute autre loge, suivant qu'il leur sera le plus convenable, pour célèber cette fête et prendre part au banquet du jour. Et tous les frères répandus sur la surface de la terre, qui seront reconnus pour être membres vrais et fidèles de notre ancienne fraternité, seront admis comme étrangers, à cette solemnité, jusqu'à ce qu'ils ayent pu s'élever un temple.

SECTION IV.

De la conduite des Maçons en général.

136. Chaque frère doit appartenir à une loge régulière, et toutes les fois qu'il s'y présente, il doit être vêtu d'une manière propre et décente et se soumettre à tous les règlements généraux et particuliers de l'ordre : il doit se rendre à toutes les assemblées ordinaires et extraordinaires de la loge, à moins qu'il ne puisse offrir à la loge des raisons suffisantes d'excuse, suivant les loix et règlements faits à ce sujet.

137. Tous les Maçons doivent se livrer aux occupations de leur état ou profession, avec zèle et assiduité, tous les jours destinés au travail, afin de se procurer une existence honnête et de pouvoir paraître d'une manière décente, les jours de fête.

138. Les Maçons doivent recevoir leurs salaires, avec douceur et sans murmure, et ils ne doivent point abandonner le maître jusqu'à ce que les travaux soyent finis. Ils doivent éviter de se servir entre eux, d'aucune expression qui ne serait pas convenable ; ils doivent se donner réciproquement le nom de frère et se traiter avec toute la politesse que la bienséance exige. Ils apprendront aux jeunes frères, à devenir des ouvriers expérimentés et à ne point faire un mauvais usage des matériaux que le maitre leur a confiés. Mais en leur qualité de Maçons libres et acceptés, ils ne permettront point aux Profanes ni aux Maçons irréguliers, de travailler dans leur compagnie, afin qu'ils ne puissent pas apprendre d'eux, ce qui constitue l'œuvre du vrai maçon.

139. Lorsque les travaux de la loge sont ouverts, les maçons doivent s'abstenir de toute espèce de conversation particulière entre eux, sans la permission du maître : ils ne doivent se permettre aucun propos étranger au sujet dont on est occuppé ; ils ne doivent point interrompre le Vénérable ou les Surveillants, quand ils parlent, ni aucun des frères quand ils s'adressent au trône ; ils doivent s'interdire toutes espèces de propos frivoles, lorsque la loge est occupée d'affaires sérieuses et solemnelles, et ils doivent avoir pour le Vénérable, les Surveillants et tous les frères, le respect et les égards convenables.

140. Tout frère trouvé coupable d'une faute doit

se soumettre au jugement de sa loge, à moins qu'il ne trouve convenable d'en appeler à la Grande Loge.

141. Les contestations particulières, les discussions sur la rivalité des nations, des familles et les disputes sur la religion, doivent être bannies de l'intérieur des loges, comme étant directement contraires aux règles ci-dessus établies, car les maçons n'ayant d'autre culte que cette religion universelle qui est commune à toutes les nations, il s'en suit qu'ils doivent vivre ensemble sous l'équerre, le niveau et la perpendiculaire et marcher sur les traces de leurs prédécesseurs qui ne s'occupaient qu'à cultiver la paix et l'harmonie, sans distinction de secte ni de parti politique.

142. Lorsque les travaux sont finis et que la loge est fermée, les frères, avant de se retirer chez eux, peuvent égayer leurs loisirs, dans une réunion agréable et décente, y mêler la musique et les chants qui leur sont particuliers, et se traiter entre eux, suivant leurs moyens, mais en évitant toute espèce d'excès ou de contrainte, soit dans le manger, soit dans le boire, et en se considérant toujours dans les heures de travail et dans celles de la récréation, comme devant être parfaitement libres et d'après cela on ne doit point empêcher un frère de retourner chez lui, quand il lui plait, car quoique tous les maçons, après s'être retirés de leurs travaux, doivent être regardés comme tous les autres hommes, néanmoins s'ils tombaient dans quelque excès, un monde ignorant et envieux, ne manquerait peut être pas, quoiqu'injustement, d'en jetter le blâme sur l'ordre entier.

143. Lorsque vous rencontrerez vos frères, hors de la loge, sans aucun mélange d'étrangers ou de Profanes parmi eux, vous devrez vous saluer réciproquement, avec politesse de la manière qu'on vous a appris à le faire en loge, en vous donnant mutuellement le nom de frère, et vous pourrez même discourir librement avec eux, sur quelques points des connaissances maçoniques, mais sans néanmoins découvrir aucuns secrets, si ce n'est à des frères connus par leur discrétion et par l'attachement qu'ils ont pour leurs obligations ; et vous devez avoir soin dans toutes vos actions et conversations, de faire ensorte que vous soyez à l'abri d'être entendu ni même d'être observé par des étran-

gers. Dans cet entretien amical, aucun maçon ne doit se départir des égards qu'il aurait pour son frère, s'il n'était pas maçon. Car quoique tous les maçons, comme frères, soyent sous le même niveau, cependant la maçonerie (comme il a été dit auparavant) ne dépouille point un homme des honneurs qui lui étaient dus avant qu'il ne fut reçu maçon, ou qui lui ont été acquis depuis qu'il l'est devenu. Elle nous apprend au contraire, à joindre aux égards qui lui sont naturellement dus, ceux que peuvent lui attirer l'excellence de ses qualités maçoniques, à le distinguer en conséquence de tous ceux qui peuvent avoir le même rang dans le monde et à lui rendre tous les services qui sont en notre pouvoir.

144. Vous devez être extrêmement circonspect dans vos expressions, dans votre contenance et jusques dans vos mouvements, lorsque vous êtes en présence d'un étranger qui n'est pas maçon, de manière que quelque pénétrant que soit cet étranger, il ne puisse rien deviner de ce qu'il n'est pas convenable qu'il sache. Vous devez répondre avec prudence et ménagement, aux questions insidieuses ou impertinentes de ceux qui voudraient pénétrer dans les secrets ou mystères qui vous ont été confiés, ou bien vous devrez détourner adroitement la conversation vers un autre sujet, ainsi que pourront vous le dicter votre sagesse et l'observation de vos devoirs.

145. Les Maçons doivent se conduire suivant les préceptes de la saine morale ; en conséquence ils doivent être bons époux, bons pères, bons fils et bons voisins, ne point s'absenter de leurs foyers pendant trop longtems et éviter tous les excès qui pourraient porter préjudice à leurs personnes ou à leurs familles ; enfin ils doivent se conduire sagement dans toutes les affaires, soit de leur maison soit de leur loge.

146. Vous devrez examiner avec scrupule, tout frère étranger ou inconnu, suivant que l'exigent la prudence et les règles de notre art, afin que vous ne soyez point la dupe de quelqu'imposteurs et si vous en découvrez qui soyent de cette dernière classe, vous devez les repousser avec mépris et dédain, en prenant garde de ne leur faire aucune espèce d'ouverture. Mais vous devrez traiter en frères, ceux que vous reconnaîtrez comme étant maçons vrais et

fidèles, suivant ce qui est prescrit ci-dessus, en cherchant à venir à leurs secours, dans toute l'étendue de vos facultés, s'ils sont dans le besoin, ou en leur indiquant les moyens de trouver quelque assistance; ou en les employant, si vous le pouvez, ou en les recommandant à d'autres, pour leur procurer de l'emploi.

147. Il a toujours été recommandé aux maçons, d'éviter toutes espèces de discours qui tendraient à injurier ou à diffamer leurs frères, ou à attirer le mépris sur leurs personnes ou leurs actions. Ils ne doivent pas non plus permettre à personne de se répandre en calomnies ou en reproches injustes contre un frère absent ou de lui porter préjudice dans sa fortune, dans sa profession, ou dans sa réputation, mais ils doivent prendre sa défense et lui donner avis de tout danger qui pourrait le menacer, afin de le mettre à même de s'y soustraire, en tant cependant que cela pourra s'accorder avec l'honneur et la prudence et ne point compromettre la sureté de l'état, ou être contraire à l'intérêt de la religion et aux principes de la morale.

148. Si un frère vous cause un tort quelconque, ou si vous avez avec lui quelque différend, relativement à une affaire ou à un intérêt Profane ou civil, adressez-vous dabord à votre propre loge, ou à la sienne, à l'effet de faire décider cette affaire par des frères. Et si l'une ou l'autre des parties, n'est pas satisfaite de la décision de la loge, il pourra en être fait appel à la Grande Loge et vous ne devez pas entrer en procès à moins que l'affaire ne puisse pas être décidée comme il est dit ci-dessus. E. si c'est une affaire qui en concerne que la maçonerie, on doit éviter toute espèce de procès et l'avis des frères prudents doit être suivi, comme étant les meilleurs arbitres de pareils différends.

149. Si les arbitrages recommandés étaient inpraticables ou sans succès et qu'il fallut recourir aux tribunaux de justice, vous devrez en ce cas, toujours vous conformer aux règlements génénéraux de la maçonerie, qui viennent d'être établis et éviter toute rancune, malice, colère ou haine personnelle, en poursuivant le procès contre votre frère et ne rien faire ou dire qui puisse empêcher la continuation ou le renouvellement de cet amour et de cet attachement fra-

ternels, qui sont la gloire et le ciment de l'ancienne fraternité.

Telles sont les préceptes que vous devez observer strictement et consciensieusement, indépendament de ceux qui vous ont été communiqués de vive voix et qui ne peuvent pas s'écrire. A l'effet d'assurer la meilleure exécution de ces préceptes, il devra être donné lecture et connaissance des règles qui précèdent aux nouveaux frères, lorsqu'ils seront initiés et dans tels autres tems que le maître jugera convenable.

Amen ! Ainsi-soit-il!

150. La Grande Loge, en outre des pouvoirs qu'elle se reserve, ainsi qu'il est dit ci-dessus, a celui d'établir un mode uniforme de travail pour tout l'état, en se conformant aux anciens usages et coutumes de la maçonerie ; de prononcer sur toutes les disputes et contestations qui peuvent s'élever entre les loges de la juridiction et d'exiger d'elles telles cottisations ou rétributions que les besoins de l'ordre peuvent exiger.

151. Le grand Maître et les Vénérables des loges seront installés dans une loge de passe-maîtres.

152. Nulle loge ne sera admise à se faire représenter en Grande Loge, avant qu'elle n'ait été dûment intallée sous son autorité et que son nom soit enrégistré dans ses régistres.

153. Les Maçons qui n'appartiennent à aucune loge sont sujets à la juridiction de la loge la plus voisine du lieu de leur résidence et peuvent être par elle exclus de l'ordre, s'ils le méritent par leur conduite, sauf leur appel à la Grande Loge.

154. Dans tous les cas non prévus par les présents règlements on se conformera aux anciens statuts de l'ordre.

155. Tous les règlements ci-devant faits par la Grande Loge sont et demeurent rappellés du jour de l'adoption des présentes constitutions.

PRIERE

Qu'on doit réciter à l'ouverture de la Loge.

O Dieu saint et glorieux ! toi qui es le Grand Architecte du Ciel et de la Terre, qui es le souverain dispensateur de tous les biens et de toutes les graces, toi qui a promis que toutes les fois que deux ou plusieurs se réuniraient en ton nom, tu serais au milieu d'eux, c'est en ton nom que nous nous assemblons et que nous nous réunissons en ce jour et nous te suplions de bénir toutes nos entreprises afin que nous puissions te connaître et te servir et que toutes nos actions puissent tendre vers ta gloire et notre future béatitude !....*Amen.*

PRIERE

Qu'on doit réciter avant de fermer la Loge.

Puisse la bénédiction du Ciel reposer sur nous et sur tous les maçons reguliers répandus sur la surface de la Terre ! puisse l'amour fraternel règner parmi nous et puissent toutes les vertus morales et sociales cimenter notre union ! ....*Amen*

PRIERE

Qu'on doit dire avant de procéder à l'initiation d'un Candidat.

O Dieu, daignes accorder ton aide et ta protection à cette assemblée ! fais que ce candidat destiné pour la maçonnerie, dédie et consacre sa vie à ton service et devienne un maçon bon et fidèle ! répands sur lui quelques rayons de ta divine sagésse, afin que par les secrets de notre art, il se rende capable de faire briller dans tout son éclat, les beautés de l'amour fraternel, de la charité et de la vertu, pour la plus grande gloire de ton saint nom ! ....*Amen.*

DECLARATIONS

*Qu'on doit exiger à tout Candidat avant de l'introduire
en Loge.*

" Déclarez-vous sérieusement sur votre honneur et
" en présence de ces Messieurs (*a*) que c'est librement
" et volontairement et sans suivre l'impulsion d'aucuns
" de vos amis ni être déterminé par aucun motif de
" curiosité que vous vous présentez comme candidat
" pour être initié dans les mytères de la maçonerie ?

Rep. Je le déclare.

" Déclarez vous sérieusement sur votre honneur,
" devant ces Messieurs, que vous n'avez été porté
" à solliciter le privilège d'être reçu maçon que par
" l'opinion favorable que vous avez conçu de l'ins-
" titution, par le désir d'acquérir de nouvelles con-
" naissances et de pouvoir être utile à vos semblables!

Rép. Je le déclare.

" Déclarez-vous sérieusement sur votre honneur,
" que vous vous conformerez avec joie aux anciens
" usages établis et aux coutumes de la fraternité ?

Rep. Je le déclare.

Lorsque ces déclarations auront été faites, il devra en
être fait rapport au vénérable qui en informera la
loge dans les termes suivants :

" Mes frères Mr. A. B. ayant été proposé et ac-
" cepté d'une manière régulière je vous le recom-
" mande en conséquence comme un candidat propre
" à être admis aux mytères de la maçonerie et digne
" d'avoir part aux privilèges de la fraternité et vu ce
" qui résulte de la déclaration qu'il a faite volon-
" tairement de ses intentions, je pense qu'il se con-
" formera avec joie aux règlements de l'ordre."

Alors s'il ne s'élève aucunes objections, le candidat
devra être introduit en due forme.

Il est du devoir du Vénérable d'une loge, avant
de commencer la cérémonie de l'initiation, d'informer
le candidat de l'objet de l'institution et du but qu'elle

____

(*a*) Les économes sont ordinairement présents à ces déclarations qui se prennent hors de la Loge.

se propose, de lui expliquer la nature de ses engagements solemnels et d'une manière qui est particulière aux maçons, de requérir de lui une entière soumission aux préceptes de la morale et de la vertu et à tous les règlements de l'ordre, et lorsque l'initiation sera finie, il lui adressera un discours d'instruction dont voici des modèles :

DISCOURS D'INITIATION

Au premier Grade.

Mon frère, vous venez d'être initié aux mystéres de notre ancienne et honorable fraternité, d'après le vœu et le consentement unanime des membres de cette respectable loge. Notre institution est ancienne, comme ayant existé depuis un tems immémorial; elle est honorable, parcequ'elle tend à faire honneur à ceux qui en pratiquent les nobles préceptes. Les plus grands monarques, les héros et les patriotes qui se sont les plus distingués dans la suite des siècles et parmi toutes les nations et dans toutes les contrées du monde connu, se sont fait un devoir d'encourager l'art Royal et plusieurs d'entre eux ont même présidé les loges, comme grands maîtres, ne croyant pas descendre du faite de leur dignité en se mettant au niveau de leurs frères en maçonerie et en travaillant avec eux, entre l'équerre et le compas

Le grand Architecte de l'univers est notre chef suprême et la règle invariable qu'il nous a donnée nous sert de guide dans tous nos travaux. Les disputes religieuses sont bannies de nos loges ; nous ne connaissons comme maçons, que cette religion universelle qui doit être commune à toutes les nations, la croyance d'un Dieu créateur et conservateur de toutes choses. C'est cette croyance qui, comme un lien sacré, unit tous les maçons entre eux, de manière à faire disparaitre toutes les différences qui pourraient résulter de leurs opinions diverses et de la distance des lieux qu'ils habitent.

Les devoirs dont les maçons doivent principalement se pénêtrer, peuvent se diviser en trois classes, ceux envers Dieu, ceux envers leurs semblables et ceux envers eux-mêmes. Leurs devoirs envers Dieu, consistent à ne jamais prononcer son nom qu'avec cette vénération profonde que la créature doit à son créateur et à le considérer comme le souverain bien vers lequel ils doivent diriger toutes leurs vues et toutes leurs entreprises. Leurs devoirs envers leurs semblables, consistent à agir avec eux sous l'équerre, c'est-à-dire, ainsi qu'ils voudraient qu'ils le fissent à leur égard. Enfin les maçons se doivent à eux-mêmes d'éviter toutes espèces d'intempérance ou d'excès qui pourraient altérer leurs facultés intellectuelles et avilir la dignité de leur caractère.

A l'égard du gouvernement civil, le maçon doit agir comme un citoyen paisible et disposé à se soumettre aux loix du pays qu'il habite. Il doit être plein de bienveillance et de charité et être toujours prêt à voler au secours de ceux de ses semblables et surtout de ses frères qui pourraient être dans le besoin, lorsqu'il est en son pouvoir de le faire, sans se porter préjudice à lui-même ou à sa famille.

Il doit se conduire dans la loge avec la décence convenable, de peur d'interrompre la régularité et l'harmonie qui doivent y règner. Il doit se montrer soumis au Vénérable et aux autres officiers qui président la loge et s'appliquer diligemment aux travaux maçoniques à l'effet de s'y perfectionner le plutôt possible, tant pour sa propre réputation que pour celle de la loge.

Dans votre conduite extérieure, mon frère, soyez particulièrement attentif à éviter toute espèce de censure ou de reproche. Faites ensorte que l'intérêt, la faveur ou la prévention n'altèrent jamais votre intégrité et n'influent d'aucune manière sur votre conduite. Quoiqu'il vous soit expressément recommandé de vous rendre exactement à nos assemblées régulières, vous ne devez pas entendre par là que la maçonerie doive nuire à vos occupations particulières. Car celles-ci ne doivent point être négligées par quelque motif que ce soit et vous ne devez pas souffrir que votre zèle pour l'institution, puisse servir d'argument à ceux qui par ignorance ou autrement, pourraient être tentés de la tourner en ridicule. Mais lorsque vos heures de loisir vous le permettront, il convient que vous cherchiez à vous perfectioner dans les connaissances maçoniques, en conversant avec des frères instruits qui seront toujours disposés à vous donner (comme vous devez l'être, à recevoir d'eux) toutes les instructions qui vous seront nécessaires.

Enfin, mon frère, sachez cacher réligieusement les mystères de l'ordre et conservez les comme une marque sacrée qui vous distingue du monde profane, et si dans le cercle de vos connaissances, il se trouve quelqu'un qui désire d'être initié dans la maçonerie, soyez particulièrement attentif à ne le recommander qu'autant que vous serez certain qu'il voudra se conformer à nos règlements, afin que la gloire, l'honneur et la réputation de l'institution, soyent fermement établies et que le monde en général, soit convaincu de l'excellence de la maçonerie.

DISCOURS DE RECEPTION

Au second Grade.

Mon frère, je vous félicite bien sincèrement de la marque de distinction que vous venez de recevoir par votre élévation au second grade maçonique. C'est principalement aux qualités intérieures que la maçonerie attache du prix, aussi devez-vous être persuadé que plus que vous acquerrez de connaissances utiles, plus vous obtiendrez de considération dans notre société.

Il est inutile de récapituler ici les devoirs qui vous sont imposés comme maçon et de s'étendre sur la nécessité ou vous êtes de vous y conformer strictement parceque votre propre expérience doit vous avoir convaincu de toute leur excellence. Il suffira en conséquence de vous dire que votre conduite passée et la régularité de vos travaux, vous ont mérité l'honneur que vous venez d'obtenir et que nous espérons que dans le nouveau grade dont vous venez d'être décoré, vous ne vous relacherez en aucune manière des principes dont vous avez donné l'exemple et que vous persisterez avec constance, comme vous l'avez fait jusqu'à ce jour, dans la pratique de toutes les vertus.

Vous devez soutenir avec force l'empire de nos loix et de nos règlements et faire ensorte qu'ils soyent fidèlement exécutés. Vous ne devez ni aggraver ni pallier les fautes de vos frères. mais lorsqu'il s'agit de prononcer sur quelques espèces d'infractions à nos règles vous devrez les juger avec candeur et indulgence sans vous écarter cependant de ce que dicte une justice exacte mais salutaire.

L'étude des arts libéraux, cette branche intéressante de l'éducation qui tend si efficacement à polir et à orner l'esprit est particulièrement recommandée aux compagnons maçons. La géométrie mérite surtout votre attention, comme formant la base essentielle de notre art. Autrefois la maçonerie et la géométrie étaient en quelque sorte considérées comme des termes sinonimes et en effet on peut dire que la géométrie est riche des connaissances les plus utiles et qu'en même tems qu'elle prouve qu'elles sont les propriétés étonnantes de la nature, elle démontre les vérités les plus importantes de la morale.

Telle est, mon frère, la nature de vos devoirs comme compagnon maçon et vous êtes engagé à les observer par les liens les plus sacrés.

DISCOURS DE RECEPTION

Au troisième Grade.

Mon frère, votre zèle pour l'institution maçonique, les progrès que vous avez faits dans la connaissance des mytères de l'ordre et votre soumission à nos règlements vous ont signalé à nos yeux, comme méritant plus que personne, la marque d'honneur et d'estime que vous venez d'obtenir.

Vous êtes actuellement engagé par le devoir, et la reconnaissance à vous montrer fidèle aux obligations que vous avez à remplir et à contraindre en quelque sorte, vos frères, par la force de vos discours et de votre exemple, à se conformer à toutes les maximes de l'ordre.

En votre qualité de maître maçon, vous avez le droit de corriger les erreurs et les irrégularités de ceux de vos frères qui sont moins instruits que vous et de les mettre en garde contre toutes espèces de violations de leurs devoirs. Vous devez prendre un soin particulier que la réputation de la fraternité reste

sans tache. En conséquence il est de votre devoir
de recommander à vos inférieurs, l'obéissance et la
soumission ; à vos égaux, la politesse et l'affabilité ;
et à vos supérieurs, la douceur et la condescendance.
Vous devez vous appliquer à pénétrer les cœurs d'une
bienveillance universelle et par la régularité de votre
propre conduite, présenter à vos frères qui seraient
tentés de s'en écarter, le meilleur exemple qu'ils
puissent suivre. Vous devez conserver religieuse-
ment les anciennes constitutions de l'ordre, qui sont
confiées à votre garde et ne jamais souffrir qu'elles
soyent violées ni qu'on s'éloigne en aucune manière
des anciens usages de la fraternité..

Vos vertus, votre honneur et votre réputation nous
sont de sur-garants que vous saurez soutenir la dignité du caractère que vous avez démontré jusqu'à
ce jour. Qu'aucun motif par conséquent ne vous
fasse devier de vos devoirs, violer vos vœux et trahir
les fonctions qui vous sont confiées. Soyez toujours
vrai et fidèle à vos promesses et imitez l'exemple de
cet artiste célèbre dont vous venez de nous rappeler
la mémoire. C'est ainsi que vous vous rendrez vrai-
ment digne de l'honneur qui vous a été accordé et
que vous justifierez toute la confiance que nous re-
posons en vous.

GRANDE LOGE DE L'ETAT DE LA LOUISIANE.

Séance du 4 Septembre A. L. 5819.

LA GRANDE LOGE A ÉTÉ OUVERTE EN DUE FORME &c.

Le comité composé des frères L. Moreau Lislet
et John Bte. Pinta, qui avait été chargé de la révi-
sion et d'une nouvelle rédaction des constitutions et
réglements de la Grande Loge, ont fait leur rapport
qui a été unanimement approuvé :

En conséquence les membres de la Grande Loge
arrêtent et ordonnent que les règlements qui précèdent seront observés par les loges de sa juridiction
comme formant la constitution de la Grande Loge
dans cet état.

Il est de plus arrêté qu'un comité composé des
frères L. Moreau Lislet, Yves Lemonnier et John
Bte. Pinta, est nommé pour faire imprimer ladite

constitution aux frais de la Grande Loge, savoir : au nombre de deux cents exemplaires en Anglais et de quatre cents exemplaires en Français, pour la distribution en être faite ainsi qu'il sera ordonné.

Grand Secrétaire.